EXAMEN

DE PLUSIEURS ACTES

de l'Administration Municipale

DE LA VILLE DE BOULOGNE-SUR-MER.

1836

EXAMEN
DE PLUSIEURS ACTES

DE

L'Administration Municipale

DE LA VILLE

DE BOULOGNE-SUR-MER.

Lorsque le gouvernement est obligé par la nature des circonstances à faire peser sur la population un budget aussi lourd,

N'est-il pas du devoir des administrations locales de diriger leurs efforts vers toutes les branches d'économie, et par ce moyen d'alléger, dans l'intérêt de leurs commettans, les octrois et toutes les charges communales?

Examinons franchement si ce but a été atteint pour la ville de Boulogne; critiquons sans aigreur; faisons des représentations loyales sur ce qui est fait : cela pourra servir d'avertissement pour l'avenir; conseillons et éclairons, par conviction,

1.

sur ce qui est à faire, ou sur ce qu'on peut avoir le projet de faire.

La pensée d'éclairer l'administration, sur tous les tributs que nous devons pour avoir le droit de respirer en liberté l'air du sol natal, nous a été suscitée par l'énorme dette de notre ville, 460,000 francs environ ! et par la perspective que nous avons de la voir s'augmenter encore de 250,000 francs si, comme on en a le projet, on emprunte cette somme pour la construction d'un abattoir.

Quel est l'homme en effet qui n'y serait vivement excité, s'il s'avisait de faire le calcul de tout ce qu'il doit payer pour vivre dans l'état de société ? D'une part, contribution foncière, personnelle, portes et fenêtres, patentes, hypothèques, enregistrement, poste aux lettres, tabac, boissons, sel, etc. D'autre part, actes civils, religieux, contributions de bienfaisance, octroi, frappant spécialement sur les objets de première nécessité, centimes additionnels, logement militaire, droits de voirie, frais funéraires, etc., etc.

Certes, voilà bien des considérations puissantes pour déterminer des hommes qui n'ont d'autre but que celui du bien, à entreprendre le travail consciencieux que nous offrons tout à-la-fois à nos administrateurs et à nos concitoyens.

DE L'ADMINISTRATION.

Comme on ne peut savoir d'une manière toujours *certaine* quelle sera l'issue d'une spéculation; il en résulte qu'une administration municipale, qui est nécessairement celle d'un tuteur, doit sévèrement s'interdire ce genre d'opération; car il ne saurait être permis, soit à l'un, soit à l'autre, d'exposer la moindre chose au hasard.

S'il existe quelque différence dans les deux gestions; c'est que l'administration est obligée d'apporter tous ses soins au meilleur emploi des deniers communaux, à payer ou diminuer les dettes de la ville; comme à bien se garder de les augmenter par des embellissemens futiles, par des constructions qui ne sont pas urgentes, nous dirons même, tout-à-fait *indispensables;* et ensuite, c'est que le tuteur doit rendre ce qui lui a été confié, avec toutes les améliorations résultant de la nature des choses. Il ne serait jamais admis à dire : j'ai spéculé avec le désir de faire le bien; les événemens ont détruit mes espérances; je ne puis vous rendre ce que vous m'avez remis. De même il en serait pour la tutelle municipale.

Sans pousser plus loin ce préambule, nous espérons être suffisamment compris, comme nous espérons l'être aussi dans les divers chapitres que nous allons traiter successivement.

LE PORT.

Depuis long-temps on reconnaissait la nécessité de faire au port de Boulogne de grandes améliorations. Tout le monde était d'accord sur ce point; mais, après des discussions sans fin, on ne l'a pas été, et on ne l'est pas encore sur le résultat des travaux qui s'exécutent en ce moment. On se rappelle à cet égard la différence des opinions qui ont été émises, tout récemment encore, dans une réunion de *quelques personnes*, que l'administration a fait appeler; laquelle a eu lieu après le coup de vent du 30 août.

On a cru devoir sacrifier les anciennes constructions de notre port, et cependant les avis de la plupart des marins ont été en opposition avec cette détermination extrême. Ils ne voient de bien que la disposition de la *digue brise-mer;* ils redoutent le nouveau chenal, car ils reconnaissent la bonté de l'ancien; ils craignent que les bâtimens, en se présentant à l'ouverture du nouveau port, n'y trouvent un courant trop fort, une mer trop grosse dans les coups de vent de Sud-Ouest, d'Ouest et d'Ouest-Nord-Ouest; alors nécessité pour eux de ranger de très-près la jetée de l'Ouest, de crainte de tomber sur celle de l'Est par l'effet de la grosse mer et de la vélocité du courant, ou de la dépasser pour se jeter à la côte.

Ici nous n'avons que des vœux bien sincères à former, pour que l'avenir nous démontre que si l'on n'a pas eu plus d'égard aux mémoires publiés, que si l'on n'a pas assez consulté tous les capitaines au long-cours, les maîtres au cabotage et les maîtres pêcheurs du quartier de Boulogne, c'est qu'on s'est cru assez éclairé sur les effets de la mer et des marées, sur la direction des courans et enfin sur l'amoncèlement des sables.

MAISON DES ÉCOLES DES FRÈRES.

Cet établissement était, il est vrai, la propriété de la ville; mais il résultait de *dons pieux* faits par des hommes bienfaisans, qui y avaient attaché leurs noms, sans imposer l'obligation que la chose ne changerait pas de destination. Sans doute, dans la pureté des temps où ils vivaient, ils n'avaient pas cru devoir prendre cette précaution. Mais quoique cette condition n'existât pas, le respect et *la reconnaissance* n'imposaient-ils donc aucune obligation ? A-t-on pu croire que leur intention n'ait pas toujours été la même, et dès-lors était-il bien de vendre et de détruire ce qu'ils s'étaient plu à créer pour le bien public ? Nous ne le pensons pas.

Ne doit-on pas avoir à craindre qu'à l'avenir les fondations pour l'utilité commune soient beaucoup plus rares, puisque l'administration peut en effacer jusqu'au souvenir ? C'est une question que nous résolvons affirmativement.

Mais la vente de la maison des frères était-elle donc si impérieusement commandée qu'on ne pût faire autrement ? Examinons avec impartialité.

La maison conventuelle ne suffisait plus au logement des frères et aux écoles par suite de l'augmentation de la population.—Quelle était donc la nécessité de déloger ces respectables instituteurs et de leur louer à grands frais une maison aux Tinteilleries, d'y dépenser en frais d'installation une somme assez considérable ?...

N'était-il pas plus raisonnable de les laisser où ils étaient, pour qu'ils n'y fussent plus, en quelque sorte, entassés les uns sur les autres, puisqu'on transportait les classes au grand bâtiment qu'on appelle atelier de filets de pêche?

La vente des écoles des frères, comparée aux dépenses que tout ce bouleversement a nécessitées, a-t-elle donc produit un avantage si grand? Les gens pensans, et ils sont en nombre dans l'excellente population de Boulogne, conviendront que la chose n'en valait pas la peine. Car, si le salut du trésor de la ville dépendait, dans cette circonstance, d'un bénéfice de quelques mille francs, il faudrait désespérer de voir un jour nos dettes payées. Nous devons souhaiter ardemment que de semblables mesures et de semblables spéculations ne se renouvellent plus.

ATELIER DES FILETS DE PÊCHE.

Une grande maison est construite à grands frais sur la place *Navarin*, pour y faire un atelier de filets de pêche. Bientôt le bâtiment est reconnu trop vaste pour cet objet; on ne sait plus qu'en faire; alors on s'avise, et l'on décide qu'on y *joindra* les écoles des frères. On fait un grand corridor qui obstrue les croisées par où vient le grand jour, on éclaire les classes par des dormans!.. On n'a point fait de cheminées, on fait passer les tuyaux des poëles par les croisées; on n'a point fait d'escalier, on y remédie par une cage appliquée à l'un des pignons *qu'on a été obligé de percer;* les latrines sont auprès; et un enfant, partant de l'extrémité de la rue de l'Hôpital, aura cent pas à faire avant de les trouver! Ainsi, ce que le moindre des propriétaires ne voudrait pas dans son habitation, l'administration s'est crue dans la nécessité de l'imposer, en dépensant beaucoup d'argent.

On dit que c'est sous une autre administration que ce plan a été conçu; mais celle qui nous régit aujourd'hui ne pouvait-elle donc user de ses lumières pour rectifier ce que ce plan avait de défectueux, puisqu'il changeait de destination? Nous sommes trop justes pour douter un seul instant que cela ne lui ait pas été possible, et nous lui exprimons tous nos regrets de ce qu'elle ne l'a pas fait: elle ne serait pas aujourd'hui l'objet de la critique du plus grand nombre.

CANAL DES TINTEILLERIES.

Nous sommes loin de vouloir *exhumer* la polémique qui a eu lieu à l'occasion du canal des Tinteilleries, *restes de l'emplacement de l'ancien port de Boulogne.* Nous dirons cependant que le dernier projet présenté à l'administration, à l'exécution duquel on sera peut-être un jour obligé de revenir, fut repoussé par elle du premier abord, et sans examen contradictoire, sous le prétexte spécieux qu'il n'y avait pas assez d'eau, qu'il faudrait curer le canal, que cela coûterait plus cher, etc., etc. Et voilà qu'aujourd'hui, tout le monde sait pertinemment, comme alors, qu'il y a de l'eau autant qu'on en veut, qu'il faudra curer très-souvent sous la voûte par les nombreuses trapes, ou regards, qu'on a été forcé d'y ménager, et que les dépenses faites et à faire dépasseront celles du rétablissement du simple canal, *avec les améliorations proposées.* Mais on a cru bon de donner une promenade à ceux qui ne s'en souciaient pas le moins du monde, qui préféraient avec juste raison les eaux qui coulaient devant leurs portes et qui servaient à tous leurs besoins; et quelle promenade encore que celle où il se trouve *treize regards et neuf égoûts!!!* Il est bien certain que les auteurs de cette singulière combinaison, n'embelliront jamais les pelouses ou les boulingrins *de leurs châteaux* par de semblables moyens.....

A-t-on sérieusement pensé qu'on attirerait la foule en cet endroit, lorsque le plateau des Tinteilleries, ombragé de ses grands arbres, est le plus souvent désert? Quelle était la nécessité de priver les riverains des eaux du canal, pour dépenser de nouveaux fonds à leur faire construire un puits le long du mur des Sœurs de la retraite?....

Qu'on dise si l'on n'a pas perdu *le moyen unique* de balayer et d'assainir, par des chasses successives, *le Vivier*, qui infecte une partie de la basse-ville, à présent qu'un des évents qui se trouve dans la rue Neuve-Chaussée a déjà nécessité sa reconstruction et une sorte de soupape pour contenir les exhalaisons putrides qui s'en échappaient; qu'on dise ensuite ce qu'il y a à préférer, ou d'un travail qui purifie les égoûts, ou de celui qui, sous le nom pompeux *d'embellissement*, vient accumuler de plus en plus toutes les boues, toutes les ordures?....

C'est ici le lieu de raconter quel a été le sort (peut-être unique) des réclamations faites par les riverains *du ci-devant canal des Tinteilleries* : la chose sera sans doute trouvée fort curieuse.

D'abord plusieurs projets avaient été successivement présentés à l'administration, sans qu'on y fît grande attention. Lorque le dernier parut, il eut les honneurs de la guerre, et fut repoussé avec les argumens ou les armes que nous avons cités plus haut.

Ensuite une pétition de *cent deux riverains* fut adressée au préfet, pour s'opposer au projet de l'administration, et pour demander au moins qu'un procès-verbal de *commodo* et *incommodo* fût ordonné. Ce magistrat ne jugea pas convenable d'y répondre; mais on soupçonna qu'il n'en fût pas de même pour le message *spécial* de l'administration; puisque, presque immédiatement, le chef de cette administration annonça *authentiquement* que le canal serait voûté à la grande satisfaction des habitans : (sans doute il parlait des quartiers éloignés, car à coup sûr, pour celui des Tinteilleries il n'en était rien,) au même instant, les ouvriers disposés pour la voûte recevaient *sommation* de commencer de suite leurs travaux. Ils obéirent, et continuèrent avec la plus étonnante activité, du matin au soir, les dimanches et même les fêtes religieuses et politiques. Cela fit dire à quelques esprits malins, que, lorsqu'on voudrait voir se terminer promptement un ouvrage public, il faudrait se mettre en opposition avec l'administration....

Le 12 du mois de juillet, les travaux de la voûte étant commencés, les habitans des Tinteilleries s'adressèrent, comme *d'urgence*, au ministre du commerce et des travaux publics; ils joignirent à leur pétition copie de celle à laquelle le préfet n'avait pas cru devoir faire droit. Le ministre ne répondit pas. Il ne répondit pas à une seconde pétition en date du 25 juillet; il ne répondit pas à une troisième du 5 août; et cependant les travaux marchaient avec d'autant plus *de promptitude* que l'administration avait envie de les voir arriver à leur fin.

En désespoir de cause, un des pétitionnaires s'adressa à un homme intelligent, qui parcourut les bureaux; et il apprit que la pétition avait fait tous les bonds et les sauts qui suivent :

1° Du secrétariat-général à l'enregistrement ;

2° De l'enregistrement au bureau des communes ;

3° Du bureau des communes, pensant qu'il s'agissait d'un canal navigable, à la division des ponts-et-chaussées ;

4° Des ponts-et-chaussées, où l'on a reconnu *l'erreur*, elle est remontée, par le ministère du commerce, au bureau des communes; parce qu'il ne s'agissait que d'un canal d'assainissement et d'une dépense communale. Enfin on sut indirectement que le ministre aurait égard à la réclamation; et, qu'avant d'approuver la dépense, on s'en rapporterait à l'avis du préfet.

Ce magistrat vint à Boulogne, pour le conseil de révision, et une seconde fois, pour l'arrivée du duc d'Orléans : nous n'avons pas appris qu'il ait bien voulu se donner la peine de demander quelques-uns des pétitionnaires, pour les entendre dans les détails, ni de se rendre avec eux et leurs *adversaires* sur les lieux, afin de s'éclairer par lui-même sur l'opportunité des travaux qu'on exécutait.

Enfin la dernière pierre de la voûte a été solennellement scellée à la fin du mois d'octobre; et le 25 du mois suivant, monsieur le sous-préfet a adressé à l'un des pétitionnaires, une lettre qui l'informe que le ministre avait décidé : *Qu'il n'y avait pas lieu à donner suite à la réclamation; et, que, loin de nuire aux intéréts privés,* LE PROJET *de couverture du canal devait ajouter à l'embellissement et à la salubrité!...*

Ainsi donc, le ministre, conséquent dans sa

réponse, n'entendait parler que d'un *projet*, sur lequel on pouvait encore le faire revenir, et ce qu'il considérait comme un *projet* lorsqu'il put répondre, était déjà une chose exécutée ?...

Un procès-verbal de *commodo* et *incommodo* était-il donc une chose tellement injuste, qu'on ne dût pas y consentir ? N'est-ce pas la loi sociale, la loi raisonnable, la loi par excellence ? Cette enquête n'a pas été accordée !....

Nous regretterons toujours avec ceux qui aiment à conserver les monumens de l'histoire, que l'administration actuelle ait effacé *jusqu'aux dernières traces de l'ancien port de Boulogne;* de ce port qui a vu l'héroïsme des habitans en 1544; qui a été rougi de leur sang, témoin de leurs larmes, et qui les a vus s'agenouiller auprès de leurs saintes reliques, pour remercier Dieu de les avoir rendus à leur patrie, après dix ans d'exil.... L'esprit d'innovation, qui s'attache à tout changer, ne peut-il donc cesser une fois pour toutes ? Nos pères ne nous ont-ils donc rien laissé, et sommes-nous condamnés à bannir leur souvenir de notre mémoire ?... Nous déplorons sans cesse les ravages des barbares, et nous nous empressons de les surpasser; il ne nous reste plus que des vestiges historiques, et nous les ensevelissons sous la terre !

Nous pourrons dire au voyageur : Ici était le lit de l'ancien port de Boulogne, et en 1833 il a été détruit!...

HOTEL-DE-VILLE.

On dit que quelques membres du conseil municipal ne trouvent plus l'hôtel-de-ville assez grand; qu'ils ont l'intention de le vendre, et d'en faire construire un autre au grand séminaire.

Nous nous demandons quels seraient les motifs *indispensables* d'une semblable détermination; et, nous l'avouons, notre perspicacité ne va pas jusqu'à pouvoir les expliquer d'une manière satisfaisante.

Comment? un lieu éminemment historique, qui nous révèle le palais des anciens comtes de Boulogne; un lieu qui vit naître Godefroi de Bouillon; où nos pères firent le vœu de défendre leur cité jusqu'à l'extrémité, serait vendu et détruit! Nous ne pouvons le penser; un lieu enfin où les ducs d'Aumont, dont la mémoire sera toujours chère; où les subdélégués venaient exercer les actes de leur gouvernement; les assemblées des communes, et les municipalités, qui leur succédèrent, se trouvaient installés dignement ; ce lieu ne suffirait plus pour une administration constitutionnelle, *qui ne doit pas tenir plus de place que celle du fauteuil du père de famille!*

Nous ne pouvons nous arrêter à de semblables idées : la conception du projet de destruction de notre hôtel-de-ville n'est pas heureuse : l'exécution en serait déshonorante pour les Boulonnais.

Un autre motif qu'on donne pour favoriser cette destruction, repose sur ce que la mairie, placée au grand séminaire, serait plus *centrale*. Cette raison paraît si faible, que nous la laissons se détruire par elle-même ; car, si la centralisation matérielle est une condition *sine quâ non*, pourquoi l'école des Frères et l'enseignement mutuel, où les enfans se rendent par la pluie ou la neige, sont-ils aux Tinteilleries?.... Pourquoi tant d'autres choses ne sont-elles pas posées comme un point au milieu de la circonférence? Pourquoi le tribunal, le juge-de-paix, l'enregistrement, les hypothèques, le commandant de la place, les notaires, les avocats, les avoués, etc., etc., ne sont-ils pas groupés autour du grand séminaire?..

L'hôtel-de-ville n'est-il pas placé partout sur la principale place publique? Et lorsqu'on veut que les rues ne soient obstruées *d'aucune manière*, n'est-il pas évident que, si le nôtre était transporté au milieu de la rue la plus fréquentée, les assemblées publiques, telles que les élections, le tirage au sort, le rassemblement des cortéges municipaux, etc., empêcheraient la circulation ?...

Nous ne supposons pas que ce projet ait pour but de favoriser la basse-ville aux dépens de la haute : la haute-ville, comme toutes les autres parties de la cité, a droit à tous les égards; elle est, de plus, à l'abri d'un coup de main, *et nulle part les archives ne peuvent être placées plus sûrement.*

On doit conclure de tout ceci que, pour une ville comme est la nôtre, qui a des maisons à la côte d'Outreau, à la Fontaine-des-Ladres, dans le val et à la montagne de St.-Martin, à Maquêtrat, au-delà des Quatre-Moulins, au Chemin-Vert, à la Tour-d'Ordre et sur la plage, l'exécution de ce projet ne peut ni ne doit avoir lieu ; et qu'il est pour le moins inutile, s'il n'est tout-à-fait nuisible. D'ailleurs le grand séminaire *n'est pas du tout le point central;* et si l'hôtel-de-ville descendait d'un côté pour se rapprocher des uns, il s'éloignerait nécessairement des autres. Il n'y a donc pas de nécessité à déplacer ce qui existe.

Dans un état plus prospère de nos finances communales, nous donnerions le conseil, s'il devenait absolument nécessaire d'agrandir la salle des séances, d'y prendre sur le grand corridor qui la longe sur l'un de ses côtés, et de faire une légère galerie pour communiquer des bureaux à l'état civil : cette dépense ne serait pas considérable. Nous conseillerions encore de faire disposer les combles, comme ceux de nos maisons particulières, afin que les dossiers et les registres pussent y être classés avec ordre : Dieu et nous savons dans quel état ils sont !...

Mais ces conseils, susceptibles de développemens, nous n'en parlons ici que comme d'un avertissement ; parce que, quand la population est surchargée pour payer l'intérêt des dettes administratives, il est de la sagesse d'une bonne administration de diriger ses vues vers leur acquittement.

Nous conservons l'espérance qu'ici comme ailleurs, nous serons favorablement écoutés ; et que nos magistrats actuels n'assumeront pas sur eux la faute, qu'on pourrait leur imputer, de vouloir tout changer, et par-dessus tout l'animadversion des habitans et propriétaires de la haute-ville.

L'ABATTOIR.

Un abattoir public est un établissement de nécessité pour une ville. Il est à regretter, que, lorsque notre caisse municipale était dans un état de prospérité; lorsque nous ne devions rien, et que nous avions même de grandes économies, on n'ait pas eu l'idée heureuse d'en faire construire un : nous ne serions pas à la veille de voir l'administration grever notre budget d'une nouvelle dette de 250,000 fr. Mais ce qui n'a pas été fait quand on le pouvait, doit-on le tenter quand on en est réduit aux expédiens ? Nous résolvons cette question négativement.

1° Parce qu'une administration ne doit pas ressembler à un spéculateur qui, pour se relever de mauvaises affaires, emprunte afin d'essayer la fortune ;

2° Parce que, fidèle à notre principe, l'administration ne doit faire aucune sorte de spéculation ;

3° Parce qu'enfin, quand on doit et qu'on a besoin de tous les genres d'économie, il ne faut pas chercher à augmenter ses dettes.

Nous savons bien qu'on dira : — Mais si l'on

emprunte 250,000 fr. pour construire l'abattoir, la ville en retirera des bénéfices qui couvriront la rente de cet emprunt; de plus, nous aurons une caisse d'amortissement; et dans quinze ou vingt ans, nous ne devrons plus rien des 250,000 francs, et l'abattoir sera à nous... Qui peut lire dans l'avenir d'une manière certaine? Qui peut dire que les bénéfices qu'on espère seront ceux qu'on percevra? Qui peut répondre que les meilleurs amis ne se brouilleront jamais; que les Anglais, qui font aujourd'hui une si grande consommation dans nos murs, y resteront les quinze ou vingt ans dont on aura besoin pour se liquider? Et puisqu'il est question de chemin de fer, qui peut dire que celui qu'on projète sur Dieppe ou autre lieu ne nous enlèvera pas la source de notre prospérité? Et enfin, lorsque les étrangers auront fait l'expérience que par la surcharge récente de notre octroi, ainsi que par les droits qu'on devra payer à l'abattoir, et qui seront d'autant plus considérables qu'on voudra rembourser plus promptement, la vie est à Boulogne aussi chère qu'à Paris, n'avons-nous pas à craindre de leur voir préférer le séjour de la capitale?

Peut-être dira-t-on encore : — Mais nous avons calculé au plus bas les revenus de notre abattoir. Cela est très-possible; mais ce plus bas est-il garanti par quelqu'un? Est-il un membre de l'administration qui se soit présenté pour en être la caution? A-t-il engagé ses biens? Toutes les chances défavorables sont-elles prévues ou écartées à l'avance?

Voyons maintenant, dans l'état actuel de nos finances, si l'emprunt de 250,000 fr. pour la construction d'un abattoir est une chose de nécessité absolue; s'il n'est pas possible de s'éviter d'emprunter, d'une part; et de l'autre, si l'abattoir public est commandé par des circonstances tellement impérieuses qu'on ne puisse en retarder l'exécution jusqu'à l'achèvement de notre port, pour lequel nous donnons chaque année 25,000 fr.

D'abord, nous ne concevons pas pourquoi on veut faire ici autrement qu'on ne fait ailleurs.

Lorsqu'à Paris ou dans d'autres villes on veut créer un nouvel établissement public, on le met en adjudication, et on en donne la jouissance à une compagnie qui perçoit les droits pendant un certain nombre d'années : au bout de ce temps, l'établissement revient à la ville, qui jouit elle-même des revenus; qui s'est mise entièrement à l'abri de toutes les chances défavorables, et qui, par ce moyen, ne risque *rien*, n'emprunte *rien*, et ne charge en *rien* son budget.

Si le mode d'emprunt est si bon et si profitable, pourquoi n'est-il pas généralement adopté? Pourquoi l'administration de Boulogne ne révèle-t-elle pas son secret par toute la France? Elle pourrait se flatter de rendre de grands services. Mais il n'en est rien, et nous ne pousserons pas plus loin notre investigation.

Nous conseillerons tout simplement de donner l'abattoir à faire (s'il est indispensable) à une compagnie, et de le lui concéder pour son remboursement, comme on le fait ailleurs pour les ponts, les entrepôts, les voies publiques, et enfin les abattoirs.

Ensuite y a-t-il péril en la demeure, pour que l'administration s'expose à emprunter et fasse construire un abattoir? Est-elle sollicitée, excitée, pressée, poursuivie, harcelée; et ne peut-elle éviter le choc? Nous ne le pensons pas. Les abattoirs particuliers sont bien tenus, et la police municipale peut faire, *sans frais*, qu'ils le soient mieux encore, s'il est nécessaire. La position dans laquelle ils sont n'a effrayé aucun des étrangers, pour lesquels nous devons, politiquement, non seulement rendre notre ville fort agréable, mais encore agir de telle manière que les comestibles y soient à bon compte, au meilleur compte possible.

Donc il est certain qu'en entourant les choses, telles qu'elles existent, de toute la surveillance administrative, et en les conservant jusqu'à ce qu'on puisse diminuer les énormes charges de l'octroi; on fera une œuvre bonne et sage de ne pas emprunter et de ne pas s'exposer à surcharger les contribuables, en ce moment de crise financière.

Lorsqu'il en sera temps, on fera encore preuve de sagesse et de prudence, en imitant les administrations de Paris, auxquelles on ne peut accorder moins de lumières qu'à la nôtre; en donnant l'abattoir à construire et à exploiter pour un temps déterminé. C'est seulement dans ce cas que nous pourrions croire aujourd'hui cette nouvelle création raisonnablement possible.

Nous ajoutons qu'il vaudrait mieux cent fois concéder l'abattoir définitivement, que de faire un emprunt, pour le posséder un jour : tant les spéculations de l'administration sont contraires à son institution, et tant elles ont peu d'attraits pour nous, qui ne voulons rien d'incertain!

Maintenant voyons si le lieu qu'on a choisi pour établir l'abattoir, est celui qui convient le mieux, et s'il ne pourrait être placé ailleurs tout aussi avantageusement.

La pâture de l'hôpital, située à Bréquerecques,

est, dit-on, le lieu d'élection, le lieu infaillible. Cependant cet emplacement est sous la direction des vents régnans; et toutes les émanations putrides de l'abattoir reviendront sur les rues de la Porte-Royale, quartier environné de marais, et par conséquent malsain. Les débris et les vidanges n'iront-ils pas dans la Liane? Supposons que cette rivière soit basse, ils séjourneront sur le sol; supposons qu'elle soit haute, le flot les rejettera sur les pierres des digues et les y accrochera; supposons enfin qu'on lâche l'écluse, ils échoueront dans le port : de toutes manières, on n'aura que des élémens de putridité. D'où nous concluons que le lieu est mal choisi, et qu'il suffit seulement que nous ayons signalé d'aussi graves inconvéniens relativement au lieu que doit occuper un abattoir, pour que l'administration réfléchisse mûrement avant de se déterminer.

De tout ce qui précède, nous sommes tout-à-fait convaincus,

1° Qu'un abattoir est une chose nécessaire;

2° Que l'administration ne devra le faire construire à son compte, que lorsque l'état de ses finances le lui permettra;

3° Qu'il sera beaucoup mieux placé dans quelque lieu, facile à trouver, au nord de la ville;

4° Enfin, que la raison, mais la saine raison,

dit impérativement que, quand l'administration le voudra, elle traitera pour l'abattoir avec le premier spéculateur.

L'HOPITAL.

Il y a deux ou trois ans, on vit surgir pour l'hôpital des administrateurs qui succédèrent à des hommes honorables et éclairés. Lorsque ces fonctionnaires furent en exercice, ils ressemblèrent assez à ces nouveaux propriétaires qui ne trouvent rien de bien de ce que leurs prédécesseurs ont laissé, et qui s'empressent de tout changer. Cela étonna beaucoup de monde, fit élever bien des réclamations, et croire qu'on se laissait trop emporter par le zèle pour les améliorations ou le changement. Mais on fut surtout étonné de la rapidité du coup-d'œil des nouveaux administrateurs, qui, du premier abord, virent tout ce qu'il y avait à faire; tandis que ceux qui les avaient précédés n'avaient point eu le même bonheur.

Ce n'est pas toutefois que nous ayons l'intention de dire que les nouveaux administrateurs, n'aient point fait de bien. Nous savons qu'il existait de petits abus, de grands peut-être, et qu'ils ont été corrigés. Nous regrettons de ne pouvoir en donner ici le détail; mais il aurait fallu pour cela des notes précises, ce qui n'est pas toujours facile lorsqu'il s'agit d'affaires d'intérieur. Cette circonstance nous porte à désirer que l'administration de l'hospice, qui doit avoir assez fait pour se reposer un peu, publie quelque jour l'historique de ses travaux.

Nous nous bornons donc à dire que de grands changemens ont eu lieu dans l'hospice; que, dans le principe, ils ont fait murmurer les sœurs, parce qu'il leur semblait qu'ils n'étaient pas absolument nécessaires, et que d'ailleurs ils arrivaient tous ensemble et trop brusquement. Aujourd'hui, ces estimables filles sont résignées au nouvel ordre de choses, et leur dévouement leur a fait faire sans résistance, entre autres sacrifices, celui de n'avoir plus le droit de disposer de rien, et celui encore des petites douceurs qu'elles avaient alors le moyen de se procurer, et dont la très-grande part était toujours celle des malades.

Nous ne pouvons nous dispenser ici de payer notre tribut de reconnaissance à celles qui font si généreusement abnégation d'elles-mêmes pour consacrer leur vie à l'infortune et à l'humanité souffrante : que de courage et de charité il faut avoir pour une aussi noble profession.

On nous pardonnera facilement cette petite digression, en faveur du respect que les sœurs de l'hospice inspirent à tout le monde.

Revenons maintenant à un acte public de l'administration. Avant la révolution, l'hôpital de Boulogne était riche de biens-fonds, et suffisait presque à tous ses besoins. Une loi atroce fit vendre ces biens pour des assignats; et on ne peut peindre qu'avec des larmes quelles furent par suite les privations et la misère des pauvres !

Puisque des conséquences aussi affligeantes avaient été le résultat de la vente des biens-fonds de l'hospice ; comment expliquer que les administrateurs actuels aient sollicité avec ardeur le conseil municipal de les autoriser à faire vendre de nouveaux biens que l'hospice possédait ? et comment le conseil, malgré une vive opposition, se détermina-t-il à permettre cette vente ?

Voilà une question bien grave, sans doute : nous espérons cependant pouvoir la résoudre, et sa solution ne sera pas à l'avantage des administrateurs, qui d'ailleurs sont aussi membres de l'administration municipale, et qui, dans ce cas, ont été juges et parties, ainsi qu'ils peuvent l'être dans la reddition de leurs comptes.

L'argument le plus fort en faveur de la vente fut que l'hôpital possédait deux fermes dans l'Artois qui avaient besoin de réparations, et qui ne produisaient pas un assez haut intérêt pour qu'on pût les conserver; qu'il fallait absolument les vendre pour en placer les fonds sur les cinq pour cent. Ce raisonnement spécieux, paré de couleurs brillantes, éblouit les yeux de la majorité du conseil : l'arrêt fatal fut prononcé; et l'hospice, dans un temps de calme et d'ordre, fut dépouillé une seconde fois de ses propriétés foncières.

Si les biens de l'hôpital avaient besoin de réparations, et si ses moyens ne lui permettaient pas de les faire faire, pourquoi ne s'est-on pas adressé à la charité publique ? Pourquoi une quête n'a-t-elle pas été faite à ce sujet ? Pourquoi a-t-on douté que tous ceux qui ont connu les malheurs que la révolution a déversé sur l'hospice se fussent empressés de venir à son secours ? L'administration n'a pas tenté ce moyen, et elle a eu tort. Nous sommes sûrs d'avoir de l'écho !

Si les bâtimens exigeaient des réparations trop considérables, que ne les a-t-on rasés pour louer ensuite les terres ? On sait que dans l'Artois, c'est un moyen très-avantageux d'en tirer parti, et surtout de les améliorer.

Si les biens de l'hospice ne produisaient pas l'intérêt de leur valeur, c'est qu'ils étaient sans doute mal loués ou mal administrés ; car il n'est pas de terres qui ne puissent produire tout ce que leur qualité et le climat permettent d'y récolter. Quelques années eussent donc suffi pour mettre ces biens de l'hospice en rapport ordinaire. Ils auraient augmenté de valeur, ainsi que nous le voyons pour tous les biens ruraux, tandis qu'il peut arriver que le gouvernement soit en mesure de rembourser la rente, ou d'en baisser le taux. Ce qu'on peut dire encore, et d'une manière positive, c'est que le taux actuel ne saurait avoir de progression ascendante ; d'ailleurs ces biens n'ont pu être vendus que ce qu'ils valaient ; et le prix de leur vente, indépendamment de ce qu'il y a d'irréfléchi à métamorphoser en chose mobile l'immobilité du bien des pauvres dont on n'est que le tuteur, n'a pu produire un avantage tel sur les cinq pour cent, que cet acte puisse jamais être approuvé du plus grand nombre.

Si enfin la vente des biens de l'hospice était le meilleur moyen à prendre, et si les cinq pour cent devaient lui produire des rentes aussi avantageuses que certaines, nous avons le droit de nous étonner que tous les administrateurs ne fassent pas de leur fortune particulière l'usage qu'ils ont fait de celle de malheureux orphelins. Et en effet nous n'avons pas appris qu'il y en eut un seul qui, en suivant l'exemple de cette grande détermination, se soit bien vite empressé de vendre son patrimoine pour en placer les fonds sur le trésor public. Nous savons même précisément le contraire ; c'est qu'il en est qui ont acheté des propriétés qui ne leur rapportent que deux et demi et trois pour cent. Quelle est donc cette raison inexplicable qui leur fait faire pour les autres ce qu'ils ne font pas pour eux-mêmes !...

Un économe sage ne place jamais toute sa fortune chez le même banquier.

Le B^{on}. VATTIER.
Le Dr BERTRAND.

Calais. — A. LELEUX, Imprimeur-Libraire du Roi.

www.ingramcontent.com/pod-product-compliance
Lightning Source LLC
Chambersburg PA
CBHW060557050426
42451CB00011B/1949